毎日のおかずは
シンプルが

ワタナベマキ

野菜

CONTENTS

・ 大さじ1＝15mℓ、小さじ1＝5mℓです。
・ 電子レンジは600Wを使用しています。500Wの場合は加熱時間
　を1.2倍にしてください。

野菜は生でも、焼いても、ゆでても、
炒めても、煮ても、蒸しても、
それぞれのうまみが味わえる！
味も食感もそれぞれの野菜によって異なります。
持ち味を失わないで、味を引き出す調味料や料理法で
おいしい一品に仕上げましょう。

肉や魚は塩、しょうゆ、みそ、酢で味を決める！
生臭さは下処理を万全に行えば消えます。
そこに調味料をしっかりとしみ込ませれば、
目からうろこの肉や魚の味が堪能できるはず。
シンプルだからこそ、素材をていねいに扱って、
おいしさを満喫しましょう。

はじめに

旬の野菜を収穫したり、新鮮なお肉やお魚が手に入ったときは
まずはシンプルに調理をします。

素材とにらめっこをしながら、
どんな風に調理をしたらその素材が生きるか、
どんな味付けにしたらいいか、今どんな味が食べたいか、

塩とおいしいオイルやバターで、
スパイス、酸味、辛味、苦味、甘味をプラスして、
生で？ 焼く？ 炒める？ 煮る？ 揚げる？

こんなことを頭のなかで
ぐるぐると巡らせる時間は楽しいものです。

この本でご紹介するレシピはとってもシンプル。
よく合わせる組み合わせも、
今までトライしたことのない組み合わせも、
食べてみたい！ おいしそう！ と思ったらぜひ作ってみてください。
ただし、シンプルだからこそ、
焼く時間や調味料を加えるタイミングは大切です。

よりおいしくなるコツで「シンプルこそおいしい」、
そして何より「忙しい日々の中で作るおかずはシンプルがいい！」、
本書が日々の助けになるとうれしく思います。

ワタナベマキ

ワタナベマキのシンプルライフ①

A

B
C
D

A

自宅のベランダではハーブや香味野菜を育てている。摘んだばかりの野菜のみずみずしさと豊かな香りは料理をおいしく仕上げるのに大活躍。大根とえごまのサラダ（P.18）もここから収穫したえごまを使用。

B

キッチンの片隅に並ぶ小さな壺には、塩や砂糖など、よく使う調味料を入れておく。ひとつまみも壺ならすっと手が入るので簡単。小さじや大さじで計量するときも口が広いのでやりやすい。

C

マキさん手作りのフライパン。広島県福山市で昔、船のいかりを作っていた鉄鋼会社が、その技術を残したいと鍛治の体験教室を開催。その折りに参加して製作した。柄の部分は取り外しができる。ハンマーで叩いた凹凸が特徴で、肉などにきれいな焼き目がつく。

D

ガラスの容器には梅酒漬けがずらり。ウーロン茶に漬けた茶梅酒、しょうがとローズマリーを入れて漬けたスパイス入り梅酒、プラムの酢漬けなど。氷砂糖が溶けたらでき上がり！

野菜

野菜はそれ自体は淡白な味のものが多いけれど、合わせるものや、かけるものでビシッと味が決まります。アクセントになるプラスαが野菜をもっとおいしくしてくれるのです。たとえ1種の野菜でも立派なおかずに変身して満足感があります。プラスαのアイデアをマスターして手軽に作ってみましょう。

ほうれん草とレモンのサラダ

レモンの酸味とクリーミィなチーズが口の中で一体化。
クセのないほうれん草がたっぷり食べられます。

材料と作り方　2人分

サラダほうれん草 — 80g
ブリーチーズ — 100g
粗びき黒こしょう — 少々
レモン汁 — 大さじ1
オリーブ油 — 大さじ1
塩 — 小さじ1/3
レモンの皮（すりおろす）— 少々

① ほうれん草は冷水に放し、水けをきって食べやすい長さに切る。

② ブリーチーズは長さを2等分に切ってから1cm幅に切る。表面に粗びき黒こしょうをまぶす。

③ 器に①と②を盛り、レモン汁とオリーブ油を回しかけ、塩とレモンの皮をふる。

サラダほうれん草って？
普通のほうれん草と違ってアクがないのが特徴です。収穫前にアクの原因となる肥料成分を抜くのだそう。茎も葉も柔らかく、そのまま生で食べられます。シャキシャキの食感も楽しいので子供でも食べやすいでしょう。

パセリのサラダ

パセリの独特な風味はまったくなし。
キドニービーンズと相まって
飽きないサラダに仕上がりました。

材料と作り方　2人分

パセリ（茎をのぞく） ― 50g
ロースハム ― 4枚
A 　赤ワインビネガー ― 大さじ1
　　塩 ― 小さじ1/3
　　オリーブ油 ― 大さじ2
キドニービーンズ（ドライパック） ― 50g
粗びき黒こしょう ― 少々

キドニービーンズはすぐ使える？
レッドキドニービーンズ（赤いんげん豆）
は缶詰（水煮）やドライパックのものが販
売されています。乾燥豆から煮るのは大
変ですが、ドライパックは水きりの必要
もないし、そのまま加えるだけなのでと
っても便利。ここでは1袋50gの使い切り
サイズのものを使いました。

① パセリは葉だけを摘んでみじん切りにする。

② ロースハムは1cm角に切る。

③ ボウルに**A**を合わせて入れ、①と②とキドニービーンズを加えてなじませ、粗びき黒こしょうをふる。

にんじんの
レムラードソース

にんじんの柔らかい歯応えが印象的。
パンチがあっていくらでも食べられそう。

材料と作り方　2人分

にんじん — 1本 (100g)
塩 — 少々
白ワイン — 小さじ1
玉ねぎ — 1/3個 (70g)
レムラードソース (P.66参照)
— 大さじ2
粗びき黒こしょう — 少々

① にんじんは細切りにし、耐熱皿に入れて塩と白ワインをまぶす。ラップをして電子レンジで2分30秒加熱する。

② 玉ねぎはみじん切りにし、水に5分ほど浸してからざるに上げ、ペーパータオルで水けをしっかり絞る③。

③ ボウルにレムラードソースを入れ、②を加えて混ぜる。

④ ①の水けをペーパータオルで軽くふき、粗熱が取れたら③を加えて和え、粗びき黒こしょうをふる。

ⓐ

カリフラワーと
パルミジャーノのサラダ

生のカリフラワーとは思えない食べやすさ。
やさしい歯応えがクセになります。

材料と作り方　2人分

カリフラワー — 1/4個 (150g)

生ハム — 50g

レモン汁 — 大さじ1

粗塩 — 少々

オリーブ油 — 大さじ1

パルミジャーノレッジャーノ — 20g

粒こしょう — 小さじ1

① カリフラワーはスライサーで薄くスライスする。

② 生ハムは食べやすい大きさにちぎる。

③ 器に①と②をのせ、レモン汁と粗塩をふって、オリーブ油を回しかける。グレーダーで削ったパルミジャーノをたっぷりとのせ、粗く刻んだ粒こしょうをふる。

かぶと
ミモレットのサラダ

ミモレットが味のアクセント。
ワインのお供にもぴったりの一品です。

材料と作り方　2人分

かぶ ― 2個（160g）
塩 ― 小さじ1/3
ミモレット ― 30g
赤ワインビネガー ― 大さじ1
オリーブ油 ― 大さじ1
イタリアンパセリ ― 少々
粗びき黒こしょう ― 少々

いいかぶの選び方は？
ツヤがあって形がよく、キズのないもの
を選びましょう。葉つきのものは葉が青々
として、茎がしっかりしているものを。
使うときは茎の根元のところに泥がつい
ていることがあるので、よく洗い流して。
取れにくいときは竹串でかき出しながら
流水で流すときれいに取れます。

① かぶは皮つきのまま5mm厚さのくし形切りにして
ボウルに入れ、塩をなじませて10分おく。出てき
た水分をペーパータオルでふく。

② ミモレットは薄切りにする。

③ ①に赤ワインビネガー、塩少々（分量外）、オリー
ブ油、粗みじん切りにしたイタリアンパセリを加
えてさっと混ぜる。

④ 器に③を盛り、②をのせて粗びき黒こしょうをふる。

15

さらし玉ねぎのマスタードサラダ

玉ねぎとにんにくの食感が好相性。
にんにくの風味がスーッと鼻に抜けます。

材料と作り方　2人分

紫玉ねぎ ― 1個 (150g)
にんにく ― 2かけ
オリーブ油 ― 大さじ2

A
　ディジョンマスタード ― 小さじ2
　ホワイトバルサミコ酢 ― 大さじ1
　塩 ― 小さじ1/2
　オリーブ油 ― 大さじ1

ホワイトバルサミコ酢って？
普通のバルサミコ酢より色が
薄いので、素材に色がつきま
せん。私が使っているのはイ
タリアのメンガツォーリ社の
オーガニック。加熱処理をし
ていないので体に有用な菌も
生きています。料理に深い味
わいを与えてくれるので、サ
ラダやパスタなどに。

① 紫玉ねぎは縦半分に切って薄切りにし、水に3分
ほどさらして水けをふく。

② にんにくは薄切りにしてフライパンに入れ、オリ
ーブ油を加えて弱火にかけ、色づくまで返しなが
ら揚げ**ⓐ**、バットに取り出す。

③ 器に①と②を盛り、合わせた**A**をかける。

ⓐ
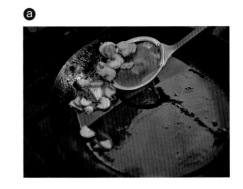

たたききゅうりと大葉のサラダ

口の中できゅうりと大葉が合体。
それぞれの味と混ざった味が交互に広がって後を引きます。

材料と作り方　2人分

きゅうり ― 2本
しょうが（せん切り） ― 1かけ分
黒酢 ― 大さじ1
しょうゆ ― 大さじ1
ごま油 ― 大さじ1
大葉 ― 10枚
白いりごま ― 小さじ1

きゅうりはたたく？
きゅうりをたたくと、表面が
デコボコして断面積が大きく
なるので、味が染み込みやす
くなります。まずは板ずりを
して青臭さを取り、そのあと
たたけば万全。和えものや漬
けものなどには最適の下ごし
らえなので活用してみてくだ
さい。

① きゅうりは塩少々（分量外）で板ずりして ⓐ 洗う。
　 ペーパータオルで水けをふいてポリ袋に入れ、す
　 りこぎでたたいて食べやすい大きさに割る。

② ボウルに①、しょうが、黒酢、しょうゆ、ごま油を
　 入れて和え、なじんだら器に盛り、手でちぎった
　 大葉をのせて白いりごまをふる。

ⓐ

大根とえごまのサラダ

ベランダで摘んだえごまの葉は柔らかくて爽やか。
赤唐辛子のピリ辛が味のアクセントです。

えごまの葉って？
えごまの葉といえば韓国料理でおなじみ。大葉に似ているけれど、独特の風味があるのが特徴です。炒めものやスープ、お肉を巻いたり……といろいろ使えるのも魅力。さらに抗酸化作用があって免疫力アップにも一役買うのでおすすめの食材です。私はベランダで育てて日々活用しています。

材料と作り方　2人分

大根 ― 300g
えごまの葉 ― 5枚
さつま揚げ ― 2枚 (80g)
しょうが (せん切り) ― 1かけ分
魚醤 (またはナンプラー) ― 小さじ1
黒酢 ― 小さじ2
ごま油 ― 小さじ2
赤唐辛子 (輪切り) ― 少々

① 大根は皮をむいて細切りにし、えごまの葉も細切りにする。
＊大根はスライサーで薄切りにしてもよい。

② さつま揚げはフライパンで表面に焼き目がつくまで焼き、細切りにする。

③ ①の大根と②、しょうが、魚醤、黒酢、ごま油を和え、なじんだら①のえごまの葉と赤唐辛子を加えてさっと混ぜる。

材料と作り方　2人分

ちりめんじゃこ ― 20g

キャベツ ― 1/4個 (200g)

玉ねぎ（みじん切り）― 1/3個分 (70g)

にんにく（みじん切り）― 1かけ分

ごま油 ― 大さじ1

A
　ゆずこしょう ― 小さじ1
　酒 ― 大さじ1
　しょうゆ ― 大さじ1/2

白いりごま ― 適量

すだち ― 1個

キャベツと
じゃこのサラダ

キャベツがガシガシ食べられる一品。
玉ねぎのたれとちりめんじゃこが
深みのある味に仕上げます。

① フライパンにちりめんじゃこを入れて中火に
　かけ、パリッとするまでから炒りして❶バッ
　トに取り出す。

② キャベツはせん切りにして器に盛り、①をの
　せる。

③ フライパンに、にんにくとごま油を入れ、香
　りが立ったら玉ねぎを加え、透き通るまで炒
　める。

④ ③に**A**を加えてひと煮立ちさせ、熱々を②に
　かけて白いりごまをふり、すだちを搾る。

　＊すだちがないときは、レモンやかぼす、ゆずなどの
　柑橘でもよい。

❶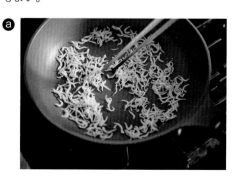

スナップえんどうと
梅干しのサラダ

シャキシャキのスナップえんどうと淡白なチーズが見事にマッチ。
梅干しが全体の味をギュッと引き締めます。

材料と作り方　2人分

スナップえんどう — 12本
モッツァレラチーズ — 1個（100g）
梅干し — 2個
オリーブ油 — 大さじ1と1/2
塩 — 少々

① 鍋に湯を沸かして塩（分量外）を加え、筋を取った
スナップえんどうを入れて1分30秒ゆでてざるに
取り出す。冷めたら2〜3等分の長さに切る。

② モッツァレラチーズは食べやすい大きさに手でち
ぎる。

③ 梅干しは種を除いて包丁でたたき、オリーブ油と
合わせる❷。

④ ボウルに①、②、③を入れて和え、塩を加えてさっ
と混ぜる。

レタスと
ザーサイのサラダ

アツアツのザーサイのたれをレタスにかけるのがポイント。
レタスに絡んで味がしっかりつきます。

ザーサイの使い方は？
中国の漬けもの。からし菜の
一種で、茎のつけ根にできる
こぶ状に膨らんだ部分を塩と
酢で漬け込んだものです。コ
リコリとした食感が特徴で
す。残ったら和えものや炒め
ものなどに使えます。そのま
ま細かく切って使うこともあ
りますが、塩抜きして使うと
味が決まりやすいでしょう。

材料と作り方　2人分

レタス ― 1/2個（200g）
塩 ― 少々
ザーサイ ― 20g

A
黒酢 ― 大さじ1
ごま油 ― 大さじ1
しょうゆ ― 小さじ1
黒いりごま ― 小さじ1

① レタスは3〜4等分に大きめにちぎり、器に盛っ
て塩をふる。

② ザーサイは薄切りにし、水に10分浸して塩抜きす
る。取り出してペーパータオルで水けをきって粗
く刻む。

③ フライパンに②を入れ、Aを加えて中火にかけ、ひ
と煮立ちさせる。熱々を①にかける。

山椒ポテトサラダ

私はポテサラにはメークインと決めています。
じゃがいものおいしさがしっかり味わえますよ。

材料と作り方　2人分

じゃがいも（メークイン）― 2個（300g）
玉ねぎ ― 1/2個（100g）
ゆで卵 ― 2個
実山椒（水煮）― 30g
黒酢 ― 大さじ1
塩 ― 小さじ2/3
ごま油 ― 大さじ1

① じゃがいもは蒸気の立った蒸し器に入れて25分ほど蒸し、熱いうちにペーパータオルで皮をむいて粗くつぶす。

② 玉ねぎは横に薄切りにし、水に5分さらして水けを絞る。

③ ゆで卵は2cm角に切る。実山椒は粗く刻んで黒酢、塩、ごま油と混ぜ合わせる。
　＊ゆで卵は、沸騰した湯に塩ひとつまみを入れ、常温に戻した卵を入れて10分ゆで、水に取って殻をむく。

④ ボウルに①、②、③を入れて混ぜ合わせ、器に盛る。

実山椒は自家製がおすすめ
ピリッとした辛みが特徴。毎年6〜7月になると店頭に並ぶので、この時期に買って冷凍保存しておくといつでも使えて便利です。小枝を取り除いて塩少々を加えた湯でさっとゆで、ざるに上げて水に2時間ほどさらします。水けをきって小分けにし、ラップで包んで保存袋に入れて冷凍庫へ。1年間保存可能。ちりめん山椒にしたり、和えものに入れて活用しましょう。

トマトと豚しゃぶの
わさびドレッシング

柔らかい肉とジューシーなトマトの相性が絶品！
トマトから出る汁が肉に染み込んでさっぱりいただけます。

材料と作り方　2人分

トマト ― 中1個 (150g)
豚ロース肉 (しゃぶしゃぶ用) ― 150g
酒 ― 大さじ1

A
　練りわさび ― 小さじ2/3
　しょうゆ ― 大さじ1
　黒酢 ― 大さじ1
　ごま油 ― 小さじ2

白いりごま ― 小さじ1

① トマトは3cm角に切る。

② 鍋に湯を沸かして酒を加え、豚肉を入れて肉
　の色が変わるまで弱火でゆで、ペーパータオ
　ルに取って水けをふく。

③ ②が温かいうちにボウルに入れ、**A**を加えて
　和える。粗熱が取れたら①を加えてさっと混
　ぜ、白いりごまをふる。

いいトマトの選び方は？
トマトの種類は数えきれないほどあります。大きさも大玉、中玉、ミニトマトといろいろ。選ぶときは全体の色が均一でツヤのあるもの、ヘタの緑色が濃くてピンとしているものを。しおれているものは鮮度が落ちている証拠です。いいトマトを選んでトマト本来の味を堪能してください。

九条ねぎと
みりん干しのサラダ

風味豊かな九条ねぎの味を堪能しましょう。
みりん干しにしっかり味がついているので手間いらずで作れます。

材料と作り方　2人分

九条ねぎ ― 3本
あじのみりん干し ― 1尾分 (100g)
黒酢たれ (P.66参照) ― 大さじ2

① 九条ねぎは根を切り落として斜め薄切りに
し、水に5分ほどさらしてざるに上げ、水けを
しっかりときる。

② あじのみりん干しは焼いて温かいうちに食べ
やすい大きさにほぐす。

③ ボウルに①と②を入れて混ぜ合わせ、器に盛
って黒酢たれをかける。

九条ねぎって？

京野菜の一つで、柔らかくて風味がある葉ねぎです。平安時代に京都の九条あたりで栽培されていたことからこの名がついたよう。全体にハリがあってまっすぐのびたものを選びましょう。薬味はもちろん、和えものや煮もの、鍋などに使うと一味違ったねぎのおいしさが楽しめますよ。

豆腐とアボカドの
バジルサラダ

さっぱりとした豆腐とねっとりとしたアボカドが絶妙のコンビ。
ピーナッツの風味と食感がアクセントです。

材料と作り方　2人分

木綿豆腐 ― 1/2丁 (150g)
アボカド ― 1個
魚醤 (またはナンプラー) ― 小さじ2
レモン汁 ― 大さじ1
ごま油 ― 大さじ1
バジルの葉 ― 8枚
ピーナッツ ― 10g

① 豆腐はペーパータオルで包んでバットに入れ、豆
　腐の重量の倍の重し (バット2枚) をして1時間お
　き、水きりする。水がきれたら手でちぎる。

② アボカドは1周切り込みを入れて半分に割り、種
　を取って実を取り出し、2cm角に切る。

③ ボウルに①、②、魚醤、レモン汁、ごま油を入れて
　和え、手でちぎったバジルと粗く刻んだピーナッ
　ツを加えてさっと混ぜ、器に盛る。

ローズマリーの使い方は？
地中海沿岸が原産のシソ科のハーブで、爽やかな香りが特徴です。料理の香りづけに使うことが多く、肉や魚の臭み消しとしても役立ちます。残ったらコップなどに水を入れてさしておくと、いつでも使えます。ただし水換えは毎日行って、早めに使いきるようにしましょう。

焼きトマトのステーキ

トマトだけなのにパンチがあって食べ応えがある一品。
香りも味の奥深さも満足できること間違いなし！

材料と作り方　2人分

トマト ― 2個 (300g)
にんにく（つぶす）― 1かけ分
ローズマリー ― 2枝
オリーブ油 ― 大さじ1
塩 ― 小さじ1/2
アンチョビフィレ ― 4枚
粗びき黒こしょう ― 少々

① トマトはヘタを取って横2等分に切る。

② フライパンににんにく、ローズマリー、オリーブ油を入れ、中火にかける。

③ 香りが立ったら①の切り口を下にして入れ❶、強火にして手早く焼き目をつけ、裏返して塩をふる。

④ 器に盛ってアンチョビフィレをのせ、粗びき黒こしょうをふる。

❶

焦がしキャベツの
おかかがけ

キャベツの焼き目がおいしさの後押し役。
花かつおの風味もあふれんばかりです。

材料と作り方　2人分

キャベツ ― 1/4個 (200g)
ごま油 ― 小さじ2
塩 ― 小さじ1/4
しょうゆ ― 大さじ1
花かつお ― 5g

① キャベツは2〜3等分のくし形切りにする。

② フライパンにごま油と①を入れて強めの中火にか
　け、へらで押しつけながらしっかりと焼き目をつ
　け**ⓐ**、塩をふる。

③ しょうゆを加えてさっと絡め、器に盛って花かつ
　おをたっぷりとのせる。

ⓐ

れんこんの
バルサミコステーキ

れんこんは蒸してうまみを閉じ込めました。
個性的なバルサミコ酢の風味が隠し味です。

材料と作り方　2人分

れんこん ― 300g
オリーブ油 ― 小さじ2
にんにく（薄切り）― 1かけ分
バルサミコ酢 ― 大さじ1と1/2
しょうゆ ― 大さじ1
粗びき黒こしょう ― 少々

① れんこんはたわしでよく洗って4cm厚さに切り、
水にさっとさらす。

② 蒸気の立った蒸し器に①を入れ、15分ほど蒸して@
取り出し、粗熱を取る。

③ フライパンにオリーブ油とにんにくを入れて中火にか
け、香りが立ったら②を加えて焼き目がつくまで焼く。

④ バルサミコ酢としょうゆを加えて絡め、粗びき黒
こしょうをふる。

@

いい三つ葉の選び方は？

独特な香りがあるので風味づけや彩りを添えるのに活躍します。葉の色が濃くて黄色くなっていないもの、全体にピンとしてハリのあるものを選びましょう。栄養素もバランスよく含まれています。トッピングとして使うのはもちろん、炒めものや和えものなど、幅広く使えます。

紹興酒の使い方は？
ビールやワインと同じ醸造酒の一つで、中国浙江省紹興市で作られたものが販売されています。そのまま飲むのはもちろん、中華料理でもよく使われます。芳醇でコクとうまみがあるので料理の味わいがぐんとアップします。また肉や魚の臭み消しや柔らかくする効果もあります。

三つ葉の卵焼き

桜えびのうまみが卵に溶け出して奥深い味わい。
小さめのフライパンで一気に焼くのがおすすめです。

材料と作り方　2人分

三つ葉 ― 1束
桜えび ― 5g
卵 ― 2個
紹興酒 ― 大さじ1
塩 ― 小さじ1/3
ごま油 ― 大さじ3

① 三つ葉は2cm長さに切り、桜えびは粗く刻む。

② ボウルに卵を割り入れ、紹興酒と塩を加えて混ぜ、①を加えてさらに混ぜる。

③ フライパンにごま油を入れて中火で熱し、②を加えて卵が半熟になるまでかき混ぜる。

④ 平らになるようにへらで形をととのえ、焼き目がつくまで焼く。裏返して2分ほど焼いて器に盛る。

丸ごとにんじんの
ロースト

ローリエをはさんで
焼くのがポイント。
にんじんに風味が移って
上品な味に仕上がります。

材料と作り方　2人分

にんじん ― 2本 (200g)
ローリエ ― 4枚
にんにく (すりおろす) ― 1かけ分
塩 ― 小さじ1/2
オリーブ油 ― 大さじ2
ディジョンマスタード ― 適量

① にんじんは縦に切れ目を入れ、ローリエ
　を2枚ずつ差し込む❷。

② オーブンシートを敷いた天板に①をのせ、
　にんにく、塩、オリーブ油をなじませる。

③ 170℃に予熱したオーブンに入れ、30～
　40分焼く。

④ 器に盛り、塩少々(分量外)をふってマス
　タードを添える。

バターロースト
オニオン

玉ねぎのうまみや甘みを
ぎゅっと閉じ込めました。
バターのコクが加わって
いっそう深い味わいに。

材料と作り方　2人分

玉ねぎ ― 1個 (200g)
バター ― 20g
塩 ― 小さじ1/3
オリーブ油 ― 小さじ2
粗びき黒こしょう ― 適量

① 玉ねぎは一番外側の皮だけをむき、
　横2等分に切る❷。

② オーブンシートを敷いた天板に①を
　のせてバターをのせ、塩とオリーブ
　油をふり、200℃に予熱したオーブ
　ンで25～30分焼く。

③ 器に盛り、粗びき黒こしょうをたっ
　ぷりふる。

❷

❷

かぼちゃの
クミンホイル焼き

クミンの風味がかぼちゃに染み込んで
いつもとは違った味わい。
ホクホクの食感と風味を存分に楽しみましょう。

クミンシードの使い方は？
エスニック料理によく使われるスパイス。特にカレーには欠かせません。肉や魚の香りづけやソース、炒めもの、煮もの、マリネなどに。熱することで香りを引き出し、料理をおいしく仕上げます。

材料と作り方　2人分

かぼちゃ ― 250g
塩 ― 小さじ1/2
にんにく（すりおろす）― 1かけ分
クミンシード ― 小さじ2
バター ― 20g
オリーブ油 ― 小さじ1

① かぼちゃは種とワタを取り除き、皮をところどころむく。大きめにカットしたアルミホイルにのせ、塩、にんにく、クミンシードをまぶして、バターをのせオリーブ油をかけて包む。

② 200℃に予熱したオーブンで25〜30分焼く。

③ ホイルをはずして器に盛る。

カリフラワーの
ホイル焼き

ゆずこしょうのほろ苦さが味のアクセント。
ホイルで包んで焼くと
カリフラワーのうまみが凝縮されて美味です。

ゆずこしょうの使い方は？
ゆず＆こしょうではなく、ゆ
ず＆とうがらしで作られたの
がゆずこしょう。九州が発祥
といわれ、この地方ではとう
がらしのことをこしょうと呼
んでいたのでこの名がついた
そう。ピリリと辛いので、料
理のアクセントによく使われ
ます。鍋ものやめん類、煮も
のや焼きものなどに。

材料と作り方　2人分

カリフラワー ― 1/4個 (150g)
酒 ― 小さじ2
塩 ― 小さじ1/4

A｜ゆずこしょう ― 小さじ2
　｜ごま油 ― 大さじ1

① カリフラワーは3〜4等分に切って酒と塩をまぶ
し、アルミホイル（またはオーブンシート）で包む。

② 200℃に予熱したオーブンで25分焼き、器に盛っ
て合わせたAをかける。

焼きなすの
オーブン焼き

なすは
アクを取って焼くだけ。
レモンでさっぱりといただく
ヘルシーなレシピです。

材料と作り方　6人分

なす ― 3本
レモン ― 1/2個
塩 ― 小さじ1/3
オリーブ油 ― 大さじ2

① なすはがくを取り除いて縦2等分に切り、浮かないように落とし蓋をしてさっと水にさらし、ペーパータオルで水けをきる。

② オーブンシートを敷いた天板に①をのせ、200℃に予熱したオーブンで15分焼く。

③ 器に盛り、レモンを搾って塩とオリーブ油を回しかけ、スプーンですくって食べる。

絹さやのナムル

シャキシャキ食感がたまりません。
無限に食べられそうな一品です。

材料と作り方　2人分

絹さや ― 20枚
白ごま ― 小さじ1
にんにく（つぶす）― 1かけ分
塩 ― 小さじ1/3
ごま油 ― 小さじ2

① 絹さやは筋を取る。鍋に湯を沸かして塩（分量外）
　を加え、約1分ゆでてざるに取る。

② フライパンに白ごまを入れ、弱火でさっとから炒
　りする。

③ ①を細切りにしてにんにく、塩、ごま油を加え、②
　を指でつぶしながら加えて和え、器に盛る。

材料と作り方　2人分

れんこん — 200g

酒 — 大さじ1

A
|魚醤（またはナンプラー）— 小さじ2
|黒酢 — 小さじ2
|赤唐辛子（小口切り）— 1/2本分
|しょうが（すりおろす）— 1かけ分
|ごま油 — 小さじ2

パクチー — 8本

① れんこんはたわしで皮をこすり洗いし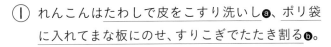、ポリ袋に入れてまな板にのせ、すりこぎでたたき割る。

② 鍋に湯を沸かして酒を加え、①を入れて約2分ほどゆでる（半ゆでの状態）。ペーパータオルで水けをふいてボウルに入れる。

③ ②にAを加えて和え、ざく切りにしたパクチーを加えてさっと混ぜ、器に盛る。

ゆでれんこんと
パクチーのサラダ

独特の風味や食感が特徴のパクチー。
れんこんと食べるとやさしい味わいで、
苦手な人でもこれなら大丈夫！

揚げいんげんの豆豉和え

縦に切ったさやいんげんは
いつもと違った味わい。
しっかり味がついているので、
どんなお酒にも合いそう。

材料と作り方　2人分

さやいんげん ― 20本
豆豉 ― 大さじ1

A
|にんにく（みじん切り）― 1かけ分
|紹興酒 ― 大さじ1
|黒酢 ― 大さじ1
|しょうゆ ― 小さじ2
|ごま油 ― 小さじ2

揚げ油 ― 適量
粗びき赤唐辛子 ― 少々

① さやいんげんは両端を切り、縦2等分に切る。

② 豆豉は粗く刻み、フライパンにAとともに入れて中火にかけ、ひと煮立ちさせる。

③ 揚げ油を180℃に熱した鍋に①を入れ、2分揚げて油をきり、②に加えて絡める。器に盛り、粗びき赤唐辛子をふる。

豆豉って？
黒豆を発酵させたもので中華料理の調味料としてよく使われます。うまみと塩けが強く、風味がいいのが特徴。そのままでは塩辛いので、刻んで使うのが一般的です。炒めものや煮もの、蒸しものなど、いろいろ使えるので活用しましょう。

ⓐ

揚げさつまいもと
ひき肉の青唐炒め

ピリ辛の青唐辛子がさつまいもの
うまみや食感の引き立て役。
さつまいもは揚げることで
ホクホク感が増します。

材料と作り方　2人分

さつまいも ― 1/2本 (250g)
揚げ油 ― 適量
ごま油 ― 小さじ2
しょうが (せん切り) ― 1かけ分
豚ひき肉 ― 150g
青唐辛子 (小口切り) ― 1本分
みりん ― 大さじ1
魚醤 (またはナンプラー) ― 大さじ1
レモン (薄い半月切り) ― 1/2個分

青唐辛子の使い方は？
生のままでも火を通してもOK。ピリッと爽やかな辛みが刺激的なのが特徴です。辛み成分はカプサイシンで、多いほど辛さが増します。エスニック料理や中華、韓国料理などによく使われます。加熱することで辛みが和らぐので、ピリ辛が苦手なら煮たり、焼いたりするといいでしょう。

① さつまいもは乱切りにして水にさっとさらし、ペーパータオルで水けをふく。

② 冷たい揚げ油に①を入れて中火にかけ、180℃に熱してさつまいもが柔らかくなるまで4〜5分揚げて油をきる。

③ フライパンにごま油を入れて中火で熱し、しょうがを入れて香りが立ったら豚ひき肉を加えて炒める。

④ ③に青唐辛子、みりん、魚醤を加えてひと煮立ちさせる。②とレモンを加えて絡め、器に盛る。

万願寺とうがらしの使い方は？
とうがらしという名前がついていますが、まったく辛くありません。大正時代に京都府舞鶴市万願寺で誕生した京野菜の一つ。青臭さはなく、肉厚で柔らかく食べやすい食材です。加熱すると破裂することがあるので竹串などで穴をあけておくと安心です。炒めものや煮ものにぜひ！

ごぼうと万願寺の甘辛炒め

ごぼうにみそ味がしっかりついて
歯応えもあります。
炊き立てのご飯にのっけて食べれば、
おかわり間違いなし！

材料と作り方　2人分

ごぼう ― 1/2本 (100g)
万願寺とうがらし ― 4本
ごま油 ― 大さじ1
しょうが (せん切り) ― 1かけ分
酒 ― 大さじ1
みりん ― 大さじ1
みそ ― 大さじ2
白すりごま ― 大さじ1

① ごぼうは斜め薄切りにし、水にさっとさらす。万願寺とうがらしは斜めに3〜4等分に切る。

② フライパンにごま油としょうがを入れて中火にかけ、香りが立ったら①のごぼうを加えて透き通るまで炒め◉、万願寺とうがらしを加えてさっと炒める。

③ 酒、みりん、みそを加えて煮立たせながら絡め、白すりごまを加えて混ぜ、器に盛る。

◉

丸ごとトマトの煮びたし

トマトの中からトマトとだしの
合体した煮汁がじゅわ〜っとあふれ出ます。
味の決め手はおいしいだし。ぜひチャレンジして！

だし汁の作り方は？
水1ℓに10cm角の昆布1枚を
入れて冷蔵庫に入れておきま
す。これがだしのベースに（4
〜5日保存可能）。使うとき
に料理に合わせて、かつおぶ
し20gを加えたり、煮干し（頭
とはらわたを取る）6本（約
12g）を加えて使います。
**本書ではかつおだしを使いま
した。**

材料と作り方　2人分

トマト ― 2個（300g）
だし汁（左記参照）― 500mℓ
酒 ― 大さじ1
塩 ― 小さじ1/3
うすくちしょうゆ ― 小さじ2
しょうがの搾り汁 ― 1かけ分

① トマトはヘタを取り除く。鍋に湯を沸かし、トマトを入れ
て30秒ゆで、冷水に取って皮をむく。

② 鍋にだし汁、酒、塩、うすくちしょうゆを入れて中火にかけ、
ひと煮立ちしたら①を入れて再びひと煮立ちさせ、落とし
蓋をして弱めの中火で7分煮る。しょうがの搾り汁を加え、
そのまま冷ます。

ズッキーニの梅煮びたし

食欲がないときでも
さっぱりといただけるのでおすすめ。
冷める間においしいだしが
ズッキーニの中までしっかりと染み込みます。

材料と作り方　2人分

ズッキーニ — 1本
だし汁 (P.51 参照) — 400㎖
みりん — 大さじ2
梅干し — 2個
しょうゆ — 大さじ1
塩 — 少々

① ズッキーニは両端を切り落として1.5㎝厚さの輪
　切りにする。

② 鍋にだし汁とみりんを入れ、梅干しを箸でくずし
　て種ごと加え、中火にかける。

③ 煮立ったら①、しょうゆ、塩を加えてオーブンシ
　ートで落とし蓋をし、弱めの中火で7分煮る。火を
　消し、そのまま粗熱が取れるまでおく❶。

長いもとオクラの塩煮

長いものシャキシャキと
ホクホクの食感がたまりません。
煮干しから出ただしも
おいしさの後押しをします。

材料と作り方　2人分

煮干し — 6本 (12g)
水 — 300mℓ
酒 — 大さじ2
オクラ — 6本
長いも — 150g
塩 — 小さじ2/3

① 煮干しは頭とはらわたを取り除き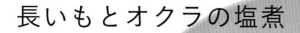、鍋に入れて
　弱火でから炒りし、水と酒を加えて弱めの中火で
　10分煮る。

② オクラは塩少々（分量外）で板ずりして洗い、がく
　を取り除いて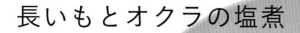流水で洗う。

③ 長いもは皮をむき、3cm厚さの半月切りにして①
　に加え、塩も加えて蓋をして約10分煮る。さらに
　②を加えて2分ほど煮て器に盛る。

材料と作り方　作りやすい分量

なす ― 5本
揚げ油 ― 適量

A	酒 ― 大さじ2
	みりん ― 大さじ2
	だし汁（P.51参照）― 300㎖
	しょうゆ ― 大さじ1
	塩 ― 小さじ1/3

しょうが（せん切り）― 1かけ分

なすのオランダ煮

一度揚げてから
だし汁などで煮る料理がオランダ煮。
揚げたあとさっと水にくぐらせると
味が染み込みやすくなります。

①　なすはがくとヘタを除き、縦2等分に切って、皮に斜めに細かく切れ目を入れ
　　て❿さっと水にさらす。

②　揚げ油を180℃に熱した鍋に、①をペーパータオルで水けをふいて入れ、柔ら
　　かくなるまで3分ほど揚げる。水にさっとくぐらせて❺油をきる。

③　鍋にＡを入れて中火にかけ、ひと煮立ちしたら②を入れ、再度煮立たせて火を
　　止め、器に盛ってしょうがをのせる。

里いもの煮っころがし

シンプル料理の代表格。
しっかり味が絡んでいるのでご飯のおかずにぴったりです。

材料と作り方　2人分

里いも ― 6〜8個（350g）
だし汁（P.51参照）― 300mℓ
酒 ― 大さじ2
みりん ― 大さじ2
しょうゆ ― 大さじ2
塩 ― 少々
ごま油 ― 小さじ2
白いりごま ― 少々

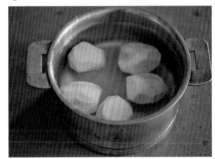

① 里いもは皮をむいて鍋に入れ、<u>かぶるくらいの水を入れて</u>中火にかける。煮立ったら弱火にし、6分煮て<u>流水で洗う</u>ⓑ。

② 鍋に①、だし汁、酒、みりんを入れて中火にかけ、ひと煮立ちしたら落とし蓋をして5分煮る。

③ しょうゆと塩を加え、<u>汁けがなくなるまで煮て</u>ⓒ、ごま油、白いりごまを加えて煮絡める。

蒸しレタスのサラダ

干しえびの風味とうまみが
レタスを包み込んで絶品！
レタスはかさが減るので
たっぷり食べられます。

材料と作り方　2人分

干しえび ― 20g
レタス ― 1/2個（200g）
しょうが（せん切り）― 1かけ分
紹興酒 ― 大さじ2
塩 ― 小さじ1/3
ごま油 ― 大さじ1
しょうゆ ― 小さじ2

① 干しえびはさっと洗い、ひたひたのぬるま湯に10分浸して戻し、粗く刻む。戻し汁は取りおく。

② レタスは手で大きく割ってフライパンに入れ、①と戻し汁、しょうが、紹興酒、塩、ごま油を加えて蓋をし、中火にかける。

③ 煮立ったら1分ほど蒸し煮にして火を止め、しょうゆを回しかけて器に盛る。

ⓐ

ⓑ

レタスの保存法は？
丸ごと保存する場合は、芯の部分を切り落として切り口に小麦粉を塗り、水分が抜けるのを防ぎます。そのあとラップで包んで保存袋に入れて冷蔵庫で保存（約2週間）。カットしたレタスの場合は、切り口をペーパータオルで覆って保存袋に入れ、切り口を下にして冷蔵庫で保存します（約5日）。

材料と作り方　2人分

長ねぎ ― 2本
にんにく（薄切り）― 1かけ分
塩 ― 小さじ1/2
白ワイン ― 大さじ3
オリーブ油 ― 大さじ3
レモン汁 ― 大さじ1
レモンの薄切り ― 4〜5枚

① 長ねぎは3cm長さに切ってバット（または耐熱皿）に入れ、にんにく、塩、白ワイン、オリーブ油を回しかけて⒜、蒸気の立った蒸し器に入れて約15分蒸し、粗熱が取れるまでそのままおく。

② レモン汁を回しかけ、レモンの薄切りを加えて全体になじませる⒝。

蒸しねぎのマリネ

さっぱりしているけれど
まろやかな酸味が後を引くおいしさ。
ねぎを一口サイズに切ってあるので
食べやすいのもうれしい。

ピーマンの種類は？
ピーマンの種類はたくさんあります。緑ピーマン、赤ピーマン、フルーツピーマンなど。パプリカもピーマンの一種です。緑ピーマンはおなじみですが、赤ピーマンは緑ピーマンが完熟したもの。緑ピーマンより甘みがあって青臭さがなく、肉厚で皮が柔らかいのが特徴です。

丸ごとピーマンの蒸し煮

一口食べると口の中にじゅわ〜っと煮汁があふれ出します。
できたてはもちろん、冷やして食べてもおいしいですよ。

材料と作り方　2人分

ピーマン（緑、赤）— 各3個
にんにく（つぶす）— 1かけ分
オリーブ油 — 大さじ2
白ワイン — 80mℓ
グリーンオリーブ（種あり）— 12個
塩 — 小さじ2/3
粗びき黒こしょう — 少々

① ピーマンは包丁で2〜3か所切れ目を入れる**ⓐ**。

② フライパンににんにくとオリーブ油を入れて中火にかけ、香りが立ったら①を加えてさっと炒める。白ワインを注ぎ入れ、グリーンオリーブと塩を加えて**ⓑ**蓋をし、弱めの中火で12分蒸し煮にする。

③ 器に盛り、粗びき黒こしょうをふる。

ブロッコリーの
アフォガート

ブロッコリーの青臭さは
まったくありません。
バゲットにのせたり、
パスタの具にしても good ！

材料と作り方　2人分

ブロッコリー ― 1個
にんにく（みじん切り）― 1かけ分
バター ― 15g
オリーブ油 ― 大さじ1
玉ねぎ（みじん切り）― 1/2個分（100g）
白ワイン ― 80mℓ
塩 ― 小さじ2/3
粗びき黒こしょう ― 少々

① ブロッコリーは1.5cm角に切る。

② フライパンににんにく、バターの半量、オリーブ
　 油を入れ、中火にかける。香りが立ったら玉ねぎ
　 を加え、透き通るまで炒める。

③ ①を加えてさっと混ぜ、白ワインも加えてひと煮
　 立ちさせ、蓋をして弱火で12分蒸し煮にする。

④ 塩と残りのバターを加えて全体になじませ、粗び
　 き黒こしょうをふって器に盛る。

蒸しきのこの八角蒸し

風味高い八角がきのこのうまみを
後押しして箸が止まりません。
ご飯にのせると何杯でも食べられそう。

材料と作り方　2人分

しめじ ― 100g
エリンギ ― 80g
えのきたけ ― 100g
八角 ― 2個
酒 ― 大さじ2
みりん ― 大さじ1
しょうゆ ― 大さじ2
赤唐辛子（種をのぞく）― 1/2本
塩 ― 少々

① しめじは石突きを切り落としてほぐす。

② エリンギは長いものは長さを2等分し、縦に5mm
　厚さにスライスする。

③ えのきたけは石突きを切り落とし、長さを3等分
　に切る。

④ フライパンに①、②、③、八角、酒、みりん、しょう
　ゆ、赤唐辛子を入れて蓋をし、中火にかける。煮立
　ったら弱火にして5分蒸し煮にし、火を止めその
　まま冷ます。

⑤ 塩を加えて混ぜ、器に盛る。

シンプルレシピに役立つ
たれ、ソース、ドレッシング

素材が1種でも、これさえあればかけるだけ、混ぜるだけで立派な一品ができます。作り置きしておけばいつでもさっと使えるので重宝するはず。ここではそんな一例もご紹介するので、他の素材でもぜひ、お試しください。

黒酢たれ

材料と作り方　でき上がり150mℓ

黒酢 ― 50mℓ
みりん ― 50mℓ
しょうゆ ― 50mℓ
しょうが（みじん切り）― 1かけ分
白いりごま ― 少々

小鍋に材料を入れて中火にかけ、ひと煮立ちさせて火からおろす。冷めたら保存瓶に入れる。冷蔵庫で2週間保存可能。

→厚揚げにかける。

レムラードソース

材料と作り方　でき上がり70g

アンチョビフィレ ― 4枚
マヨネーズ ― 大さじ2
オリーブ油 ― 小さじ2
粗びき黒こしょう ― 少々

アンチョビフィレはみじん切りにし、他の材料と合わせる。冷蔵庫で4日保存可能。

→蒸しじゃがいもにかける。

梅干しドレッシング

材料と作り方　でき上がり70㎖

梅干し ─ 2個
オリーブ油 ─ 大さじ2
白いりごま（好みで）─ 少々

梅干しは種を取り除いて包丁でたたき、オリーブ油を加えて混ぜる。好みで白いりごまを加える。冷蔵庫で1週間保存可能。

→マッシュルームの薄切りにかける。

玉ねぎマスタードドレッシング

材料と作り方　でき上がり70㎖

玉ねぎ ─ 1/4個
ディジョンマスタード ─ 大さじ2
白ワインビネガー ─ 大さじ1
塩 ─ 小さじ1/3
オリーブ油 ─ 大さじ2

玉ねぎはすりおろし、他の材料と合わせて混ぜる。冷蔵庫で1週間保存可能。

→パプリカのサラダにかける。

オレガノ入りのデュカ

材料と作り方　でき上がり50g

アーモンドなど好みのナッツ
　（ローストしたもの）─ 80g
オレガノ（乾燥）─ 小さじ2
塩 ─ 小さじ1/2
粗びき黒こしょう ─ 少々

ナッツは粗く刻み、オレガノ、塩、粗びき黒こしょうと混ぜる。

→レタスにかける。

ワタナベマキのシンプルライフ②

A

リビングの中央に置かれた丸テーブルは、家族はもちろん来客をもてなす大切な家具。大きな一枚ガラスの向こうには緑で包まれたベランダが広がる。キラキラと輝く木々の葉を眺めながら会話が弾む空間になっている。

B

キッチン横の壁には古木の棚を置いて茶器やお気に入りの壺などを並べて飾る収納に。竹籠にはお正月用品など、あまり出番のないものを収納している。大きなウンベラータの鉢植えはマキさんが17年間大切に育てている。

C

リビングの片隅のコーナーには染色家・柚木沙弥郎（ゆのき・さみろう）さんの絵が置かれ、お気に入りの本が無造作に重ねてある。いつでもさっと取り出して読めるように。周りには個性あふれる壺が置かれ、シェフレラ チェンマイとグレープアイビーの鉢植えを。

D

カップボードにはお気に入りの食器がぎっしり。サイズや形別にして取り出しやすくしてある。多いのは安齋新さんと厚子さんの器。どんなものを盛り付けてもおいしく見えるし、薄くて形がきれいなところがお気に入り。

肉・魚

肉や魚を扱うときは下味をつけたり、下準備に注意するのがポイント。にんにくや塩をしっかりすり込んだり、炒める直前に粉をまぶしたり、霜ふりをしたり……。生臭さを取ったり、ふっくらジューシーに仕上げるためのコツをつかむことが大切です。シンプルだからこそ、おいしく仕上げて料理の腕をアップしましょう。

塩豚ロースの
厚切りステーキ

塩で下味をつけて筋切りをしておけば
柔らかくてジューシーなお肉の完成！
にんにくが肉の臭みを消してくれます。

材料と作り方　2人分

豚ロース肉（とんかつ用）— 2枚
塩 — 小さじ2/3
にんにく（薄切り）— 1かけ分
ごま油 — 小さじ2
まいたけ — 100g
すだち（半分に切る）— 2個

① 豚肉は常温に戻し、表面の水けをペーパータオル
でふく。筋切りをしⓐ、塩をすり込むⓑ。

② フライパンににんにくとごま油を入れて中火にか
け、香りが立ったら①を加え、へらで軽く押さえ
て焼き目をつける。

③ 裏返して食べやすい大きさに切ったまいたけをあ
いているところに入れ、弱めの中火にして約5分
焼く。全体に塩少々（分量外）をふる。

④ 器に盛り、すだちを添える。

＊すだちがないときは、レモンやかぼす、ゆずなどの柑橘
でもよい。

塩の使い分けは？
私はゲランドの塩（写真右）
と粟國の塩（写真左）の2つを
主に使い分けています。どち
らもミネラル豊富な自然塩で
すが、ゲランドの塩は洋風料
理、粟國の塩は和風料理に。
ほかに、おにぎりには藻塩と
決めています。うっすら海藻
の味がしてお弁当に入れると
好評です。

ⓐ

ⓑ

鶏手羽中の塩ソテー

下味をしっかりとすり込むのがおいしく仕上げるポイント。
ゆでたピーマンと好相性です。

材料と作り方　2人分

鶏手羽中 ― 10本
塩 ― 小さじ1/2
にんにく（すりおろす）― 1かけ分
酒 ― 大さじ1
ピーマン ― 3個
七味唐辛子 ― 適量

① 手羽中はペーパータオルで表面の水けをふき、塩、にんにく、酒をすり込む**ⓐ**。

② ①を魚焼きグリルの中火で表面に焼き目がつくまで15分ほど焼く。
　＊グリルが片面焼きの場合は、8分焼いて裏返し、裏面を6〜7分焼く。

③ ピーマンはヘタと種を取って5㎜厚さの輪切りにする。鍋に湯を沸かして塩（分量外）を加え、40秒ゆでて**ⓑ**ざるに上げる。

④ ②を器に盛って七味唐辛子をふり、③を添える。

ⓐ

ⓑ

太刀魚の紹興酒蒸し

紹興酒の深いコクの効果で
太刀魚のうまみを倍増。
シャキシャキのねぎともよく合います。

材料と作り方　2人分

太刀魚 (切り身) ― 2切れ (300g)
長ねぎ ― 1/3本
しょうが (皮つきで薄切り) ― 1かけ分
塩 ― 小さじ1
紹興酒 ― 大さじ3
ごま油 ― 大さじ1
糸唐辛子 ― 適量

いい太刀魚の選び方は？
クセがなくシンプルな味わい
の魚。キラキラした銀白色が
印象的ですが、キズがつきや
すいので注意を。キズがなく、
きれいな銀白色を呈している
ものを選びましょう。脂肪分
が豊富なので加熱するとジュー
シーで肉厚な仕上がりにな
ります。

① 太刀魚は塩少々（分量外）をふって10分おき、ペーパータオルで水けをふく❹。

② 長ねぎは白い部分と青い部分を切り分け、白い部分は斜めにごく薄切りにし、水に10分ほどさらしてペーパータオルで水けをふく。

③ オーブンシートに①、長ねぎの青い部分、しょうがをのせて塩をふり、紹興酒とごま油を回しかける。

④ 蒸気の立った蒸し器に③を入れて❺12分蒸して火を止める。長ねぎの白い部分をのせて余熱で1分蒸す。器に盛り（長ねぎの青い部分は除く）、糸唐辛子をのせる。

❹

❺

鶏の香ばししょうゆ焼き

ふっくらジューシーな鶏肉がやみつきになります。
余分な油を吸い取ってすっきりとした味わいに仕上げましょう。

材料と作り方　2人分

鶏もも肉 — 300g
塩 — 少々
なす — 2本
ごま油 — 小さじ2
しょうゆ — 大さじ2
七味唐辛子 — 少々

① 鶏肉は常温に戻し、ペーパータオルで水けをふく。余分な脂を取り除き、<u>厚さを均一にして繊維を切るように切れ目を入れ</u>ⓐ、塩をなじませる。

② なすはヘタとがくを取り除き、縦に4～6等分に切る。

③ フライパンにごま油を入れて中火で熱し、①の皮目を下にして入れ、へらで押さえながらしっかりと焼き目をつける。

④ <u>出てきた脂をペーパータオルでふき取って</u>ⓑ裏返し、②をあいたところに入れて、なすを裏返しながら弱めの中火で8分ほど焼く。

⑤ しょうゆを加えて全体に絡め、器に盛って七味唐辛子をふる。
＊密閉容器に入れて冷蔵庫で4～5日保存可能。

しょうがたっぷり
鶏そぼろ

ひき肉は弱火で炒めるのがコツ。
強火だとパサパサになってしまいます。
みょうがの薄切りと一緒にご飯にのせてどうぞ！

材料と作り方　2人分

鶏ももひき肉 — 300g
酒 — 大さじ2
みりん — 大さじ2
しょうが（すりおろす）— 2かけ分
しょうゆ — 大さじ1
塩 — 小さじ1/4

① フライパンに酒とみりんを入れて中火にかけ、煮立ったら弱火にしてひき肉を加え、へらで細かくほぐす。

② 煮立ったらアクを取り除き、しょうがとしょうゆ、塩を加えてへらを細かく動かしながら汁けがなくなるまで炒め煮にする。

いいさばの選び方は？
切り身の場合、皮にシワがなくピンとはって
いるもの、身がふっくらとしているもの、血
合いの色が黒ずんでなくピンク色のものを選
びましょう。青魚はDHAやEPAを多く含み、
脳の働きを活性化させたり、血液をサラサラ
にする作用があるので積極的に料理に取り入
れたいですね。

さばのにんにく照り焼き

さばの生臭さをにんにくが一掃。
紹興酒の深いコクとうまみが
さばを上品な味に変えてくれます。

材料と作り方　2人分

生さば（2枚おろし）― 半身1枚
塩 ― 小さじ1/2
にんにく（すりおろす）― 1かけ分
片栗粉 ― 適量
ごま油 ― 大さじ1
紹興酒 ― 大さじ2
空心菜 ― 1束（200g）
しょうゆ ― 大さじ2

① さばは塩をふって10分おき、ペーパータオルで水
けをふく。にんにくをなじませ、片栗粉をまぶ
す。

② フライパンにごま油を入れて中火にかけ、①の皮
目を下にして入れ、焼き目がついたら裏返す。

③ 紹興酒を加えて蓋をし、弱めの中火で5分蒸し焼
きにする。

④ 中火にして食べやすい長さに切った空心菜を加
え、しんなりしたら、しょうゆを加えて絡める。

大根と鶏肉の白みそ煮

大根からあふれ出る煮汁が口いっぱいに広がります。
鶏肉も柔らかくてジューシー。
白みそに包まれているので飽きずに食べられます。

材料と作り方　2人分

大根 ― 500g
鶏むね肉（皮なし）― 1枚（250g）
塩 ― 少々
片栗粉 ― 大さじ1
だし汁（P.51参照）― 500㎖
酒 ― 大さじ2
みりん ― 大さじ1
白みそ ― 大さじ3
うすくちしょうゆ ― 小さじ1
ゆずの皮（粗みじん切り）― 少々

ⓐ

ⓑ

ⓒ

① 大根は皮をむき縦半分に切って1.5cm厚さの半月切りにし、面取りをするⓐ。鍋に入れてかぶるくらいの水を注いで中火にかけ、煮立ったら弱めの中火にして10分ゆで、ざるに上げる。

② 鶏肉は大きめの一口大にそぎ切りにしてⓑ塩をなじませ、片栗粉をつけて余分な粉をはたくⓒ。

③ 鍋にだし汁、酒、みりん、①を入れ、中火にかける。煮立ったら白みそを溶き入れ、②を加えて弱火にし、蓋をして5分煮る。

④ うすくちしょうゆを加えて味をととのえ、器に盛ってゆずの皮を散らす。

豚と長ねぎの甜麺醤炒め

肉は柔らかく濃厚味。

ご飯がすすむこと受け合いです。

本格的な中華料理の味が楽しめます。

材料と作り方　2人分

豚もも肉 — 200g

薄力粉 — 小さじ2

長ねぎ — 1本

にんにく（みじん切り）— 1かけ分

しょうが（みじん切り）— 1かけ分

ごま油 — 大さじ1

紹興酒 — 大さじ1

甜麺醤 — 大さじ2

しょうゆ — 小さじ2

塩 — 小さじ1/4

① 豚肉はペーパータオルで表面の水けをふき、3cm角に切って塩少々（分量外）をなじませ、薄力粉をまぶす。

② 長ねぎは2cm長さに切る。

③ 中華鍋（またはフライパン）ににんにく、しょうが、ごま油を入れて中火にかけ、香りが立ったら①と②を加え、全体に焼き目がつくまで炒める。

④ 紹興酒を加えて蓋をし、弱火で4分蒸し焼きにする。中火にして甜麺醤、しょうゆ、塩を加え、煮立たせながら全体に絡め、器に盛る。

甜麺醤って？

コクと甘みのある調味料で中華甘みそとも呼ばれます。麻婆豆腐や回鍋肉などの中華料理の味つけに欠かせない調味料です。「甜」は甘い、「麺」は小麦粉、「醤」はみそのこと。濃い茶褐色で粘りがあり、辛みや塩辛さがないので、生野菜にそのままつけて食べてもOK。料理に加えると本格的な味に仕上がりますよ。

鶏とパプリカの
黒酢あん

ほんのり色がついた
黒酢だから見た目がきれい。
ささ身は使う直前に粉をまぶすと
ふっくら仕上がります。

材料と作り方　2人分

パプリカ（黄）— 1/2個（100g）
玉ねぎ — 1/2個（100g）
ごま油 — 小さじ2
しょうが（せん切り）— 1かけ分
酒 — 大さじ2
水 — 100㎖
黒酢 — 大さじ1
鶏ささ身 — 3本
片栗粉 — 小さじ2
しょうゆ — 小さじ1
塩 — 小さじ1/3

A｜片栗粉 — 小さじ1
　｜水 — 小さじ1

① パプリカはヘタと種を取り除き**a**、2㎝角に切る。
玉ねぎも2㎝角に切る。

② フライパンにごま油としょうがを入れ、中火にか
ける。香りが立ったら①を加えてさっと炒め**b**、
酒、水、黒酢を加えてひと煮立ちさせる。

③ ささ身は筋を取り除いて一口大に切り、塩少々（分
量外）をふって片栗粉をつけ、余分な粉をはたい
て②に入れる。

④ 弱火にして蓋をし**c**、2分30秒煮てしょうゆと塩
を加え、さらに1分煮る。

⑤ 火を止めて合わせた**A**を加えて混ぜ、弱火にかけ
てひと煮立ちさせ、ごま油少々（分量外）を回しか
けて器に盛る。

a

b

c

オレンジと
しめさばのマリネ

見るからに爽やかな味が
伝わってくるよう。
オレンジとディルがしめさばを
ワンランク上の味に引き上げます。

材料と作り方　2人分

オレンジ ― 1個
しめさば ― 150g
赤ワインビネガー ― 小さじ2
魚醤（またはナンプラー）― 小さじ1
オリーブ油 ― 大さじ2
ディル ― 2枝

① オレンジは両端を切ってから縦
に皮を切り落とし、残ったワ
タをきれいに取り除き、7〜8mm
厚さの半月切りにする。

② フライパンにオリーブ油少々
（分量外）を入れて強めの中火に
かけ、しめさばの皮目を下にし
て入れ、さっと焼き目をつけて
氷水に取り、ペーパータオル
で水けをふく。

③ 食べやすい厚さに切ってボウル
に入れ、赤ワインビネガー、魚
醤、オリーブ油を加えてなじま
せる。

④ 最後に①とディルを加え、さっ
と混ぜ合わせて器に盛る。

89

帆立貝柱のタルタル

帆立貝柱は霜ふりをして臭みを取るのがポイント。
刺身用の新鮮なものを使うのがおすすめです。

材料と作り方　2人分

帆立貝柱（刺身用）— 8個
酒 — 大さじ1
ケイパー（塩漬け）— 大さじ1
紫玉ねぎ — 1/2個（70g）
レモン汁 — 大さじ2
塩 — 小さじ1/4
オリーブ油 — 大さじ2

いい帆立貝柱の選び方は？
身が引き締まってこんもりと
盛り上がったもの、表面にツ
ヤがあって透明感のあるもの
を選びましょう。お刺身と
して食べるのはもちろん、バタ
ー焼きなどにしてもおいしい
ですよ。

① 帆立貝柱は水洗いしてペーパータオルで水けをふく。小鍋に湯を沸かして酒を加え、10秒ほど湯通しして❶氷水に取る❷。水けを取って粗みじん切りにする。

② ケイパーは塩を洗い流し、かぶるくらいの水に5分ほどつけて塩抜きをし、ペーパータオルで水けをふいて粗みじん切りにする。紫玉ねぎはみじん切りにして水に3分さらし、ペーパータオルで水けをふく。

③ ボウルに①、②、レモン汁、塩、オリーブ油を合わせて混ぜ合わせ、器に盛る。

❶

❷

ゆでいかとセロリの
花椒オイルがけ
（ホワジャオ）

ほろ苦いセロリと柔らかいいかが好相性。
隠し味の花椒が味のまとめ役です。

材料と作り方　2人分

やりいか ― 2はい
セロリ ― 1本（150g）
セロリの葉 ― 4枚
酒 ― 大さじ2
花椒 ― 大さじ1
塩 ― 小さじ1/3
黒酢 ― 大さじ1
ごま油 ― 小さじ2

① いかは胴から足を抜いて軟骨を取り、胴の皮をペーパータオルで取り除いて、1cm幅の輪切りにする。
＊足は使わないので、煮ものなどに利用して。

② セロリは筋を取って斜め薄切りにし、葉はせん切りにしてボウルに入れ、塩（分量外）を加えてしんなりするまでおいて水けを絞る。

③ 鍋に湯を沸かして酒を入れ、弱火にして①を入れ、30秒ゆでる。ざるに取り、ペーパータオルで水けをふく。

④ フライパンに花椒を入れてから炒りし、包丁で刻む。

⑤ ボウルに②、③、④、塩、黒酢を入れて和え、ごま油を加えてさっと混ぜる。

いいやりいかの選び方は？
筒の部分が長く、足が短く、槍のような形をしていることからこの名がついたいか。身に透明感があって目が透き通っているものを選びましょう。上品であっさりとした甘みが楽しめます。

砂糖＆塩

砂糖は「てんさい糖」を使いますが、料理で砂糖を使うことはあまりありません。てんさい糖はオリゴ糖やミネラルを多く含み、お腹にやさしく体を冷やさないといわれています。塩は2種類を主に使い分けます（P.71参照）。「ゲランドの塩」は洋食に、「粟國の塩」は和食などに。「粟國の塩」は下ごしらえにも使います。

しょうゆ＆魚醤

私はずっと「井上古式じょうゆ」を使っています。しょっぱくないし、甘くもないスタンダードな味で、大豆と小麦、米だけで作られたもの。アルコールを加えたものは避けます。うすくちしょうゆも同じメーカーの「井上こはく」。大豆から作るのがしょうゆで魚から作るのが魚醤。私は屋久島の飛び魚を原料にした「飛醤（とびしょう）」を使っています。ちなみにナンプラーはタイの魚醤。どちらも使います。

酒＆みりん

料理酒は塩が入っていないものを選んで使います。これは純米酒の「富久錦の料理酒」。ほかに醸造アルコールが添加されていない純米酒でもOK。みりんはこの福光屋の「福みりん」のほかにもいろいろ使います。基本は糖類無添加のもの。よく使うので一升瓶で買うこともしばしば。

油類

「こめ油」は酸化しにくい油なので揚げものや炒めもの、ドレッシングなどに使います。ごま油は九鬼の「純正胡麻油 こいくち」「ヤマシチ純正胡麻油」「太白純正胡麻油」を使っています。こいくちは香りが高くコクがあるので和えものなどに。ヤマシチはスタンダードになんでも。太白は色がつかないので上品な和えものなどに使います。オリーブ油はエクストラバージンオリーブ油。毎年11月に新しいものが出回るのでこの時期に購入。サラダにかける場合は香りの高いものを選びます。これは「フレスコバルディ・ラウデミオのエキストラヴァージンオリーブオイル」。

酢＆バルサミコ酢＆ワインビネガー

「鹿児島の黒酢」はスタンダードに使っています。スーパーマーケットでも売っているので手に入りやすく使いやすいのでおすすめです。バルサミコ酢の黒はイタリアの「バルサモ・ディヴィーノ」、白は「メンガツォーリamobio有機バルサミコ酢」。白はあまり使いませんが、フルーツにかけると新しい味の発見があります。黒はよく寝かしたものがいいのですが高いので、私は安いものを買って半分に煮詰めます。ワインビネガーは手に入りやすいMAILLEの赤と白を使っています。赤は香りが高く深いコクがあり、白はすっきりとした味わい。どちらか1本といえば赤がおすすめ。赤を使いこなすとおいしい味に仕上がります。私はなるべく早く使い切れるように小瓶のものを買っています。

調味料について

素材が少ない料理は調味料によって大きく味に差が出ます。ここでは本書で使った調味料をご紹介します。味を決める大切なものなので、ポイントをしっかりと押さえて選びましょう。

ワタナベマキ

1976年神奈川県生まれ。夫と長男、猫2匹と
暮らす。グラフィックデザイナーを経て、
2005年に「サルビア給食室」を立ち上げ、料
理家として活動を始める。日々食べるものを
おいしくていねいに作るのが信条。素材の味
をシンプルに引き出す料理に定評がある。ラ
イフスタイルに憧れるファンも多い。現在は
テレビ、雑誌、オンライン料理教室など幅広
く活躍し、著書多数。
https://maki-watanabe.com
インスタグラム　@maki_watanabe

アートディレクション・デザイン　小橋太郎（Yep）

撮影　宮濱祐美子

スタイリング　西崎弥沙

料理アシスタント　伊藤雅子

企画・構成・編集　小橋美津子（Yep）

校正・校閲　加藤優

プリンティングディレクター　丹下善尚（図書印刷）

編集担当　石川加奈子（MdN）

毎日のおかずは
シンプルがいい

2023年10月1日 初版第1刷発行

著者
　ワタナベマキ

発行人
　山口康夫

発行
　株式会社エムディエヌコーポレーション
　〒101-0051　東京都千代田区神田神保町一丁目105番地
　https://books.MdN.co.jp/

発売
　株式会社インプレス
　〒101-0051　東京都千代田区神田神保町一丁目105番地

印刷・製本
　図書印刷株式会社

【カスタマーセンター】
造本には万全を期しておりますが、万一、落丁・乱丁などがござ
いましたら、送料小社負担にてお取り替えいたします。お手数
ですが、カスタマーセンターまでご返送ください。

落丁・乱丁本などのご返送先
〒101-0051　東京都千代田区神田神保町一丁目105番地
株式会社エムディエヌコーポレーション カスタマーセンター
TEL: 03-4334-2915

内容に関するお問い合わせ先
info@MdN.co.jp

書店・販売店のご注文受付
株式会社インプレス　受注センター
TEL: 048-449-8040／FAX: 048-449-8041

ISBN978-4-295-20543-2　C2077